숨 틀

글. 조계종 元老 如山 岩度

맑은소리
맑은나라

唯心

岩度

見性成佛은 聖胎長養

(사람)　　숨틀　　(人間)

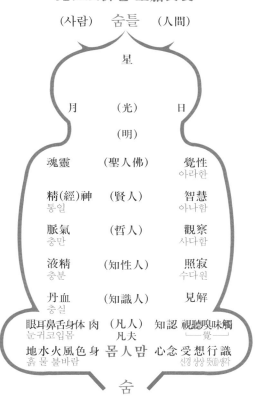

星

月　　　(光)　　　日

(明)

魂靈　　　(聖人佛)　　覺性
　　　　　　　　　　　아라한

精(經)神　　(賢人)　　智慧
통일　　　　　　　　　아나함

脈氣　　　(哲人)　　觀察
충만　　　　　　　　　사다함

液精　　　(知性人)　照寂
충분　　　　　　　　　수다원

丹血　　　(知識人)　見解
충실

眼耳鼻舌身体 肉　(凡人)　知認 視聽嗅味觸
눈귀코입몸　　　凡夫　　　　　└──覺──┘

地水火風色 身 몸 人 맘　心念受想行識
흙물불바람　　　　　　　신경 상상 뜻(意)생각

숨

吸　息　呼(文息)

止

(武息)

삼귀의(三歸依)

귀의불 양족존 (歸依佛 兩足尊)
귀의법 이욕존 (歸依法 離欲尊)
귀의승 중중존 (歸依僧 衆中尊)

거룩한 부처님께 귀의합니다.
거룩한 가르침에 귀의합니다.
거룩한 스님들께 귀의합니다.

사홍서원(四弘誓願)

중생무변서원도 (衆生無邊誓願度)

번뇌무진서원단 (煩惱無盡誓願斷)

법문무량서원학 (法門無量誓願學)

불도무상서원성 (佛道無上誓願成)

여산 암도스님 수행이력

1938년 전북 고창 출생
1957년 고불총림 백양사 출가
1972년 동국대학교 불교대학 불교학과 졸업
        동대학 불교대학원 박사학위 취득 (학위논문 『인도불교의 삼학 연구』)
대한불교조계종 포교원장
대한불교조계종 교육원장
동국대학교 불교학과 강사
중앙승가대학교 부교수 역임
대한불교조계종 원로 대종사
대한민국 국민훈장 「석류장」 수훈

참으로 잘 사는 법은 무엇인가?

불교는 불佛 · 법法 · 승僧 삼보三寶에 귀의하여 자기 자신의 숨틀로 성태장양聖胎長養하고, 우주의 근본 진리인 삼법인三法印과 사성제四聖諦를 깨달아 자기 인생의 보람을 느끼고 [小乘佛敎] 나아가 사회에 봉사함으로써 마침내 불국토佛國土를 건설하는[大乘佛敎] 종교다.

부처님이 되는 길[佛道]은 소승적 수도과목(修道科目 : 三十七助道品)으로 상구보리上求菩提하여 자기완성自己完成하고, 부처님이 되신 후 걸으신 길은 대승적 수행과목(修道科目 : 六波羅密, 四無量心 等)으로 하화중생下化衆生하여 사회완성社會完成하는 것이다.

전자는 보리도^{菩提道}에 따라 수도^{修道}함으로써 견성^{見性}하는 것이고 후자는 보살도^{菩薩道}를 따라 수행^{修行}함으로써 성불(成佛 : 佛國土建設)하는 것이다.

이 세상 사람들은 모두 다 잘 살기를 바란다. 잘 살기 위한 방법으로 그 직업의 종류가 백 가지, 천 가지, 만 가지가 넘는다.

그러나 불교인으로서 잘 사는 법은 원칙적으로 열 가지를 넘지 못한다.

첫째 참으로 잘 사는 법은 삼법인^{三法印}과 인과법^{因果法}이고 둘째 잘 사는 법은 바르게 잘 사는 법으로 팔정도^{八正道}이며 셋째 잘 사는 법은 복스럽게 잘 사는 법으로 육바라밀^{六波羅密}이다.

그리고 넷째 잘 사는 법은 멋지게 잘 사는 법으로 오력五力
이고 다섯째 잘 사는 법은 더불어 잘 사는 법으로 육화정
신六和精神이며 여섯째 잘 사는 법은 잘 먹고 잘 사는 법으
로, 마음을 잘 먹고 밥을 잘 먹고 물을 잘 마시고 공기를
잘 마시고 나이를 잘 먹는 것이다.

그 가운데 더불어 잘 사는 법은 자비보시慈悲布施로 화합하
는 것이다. 그리하여 우리 다 같이 인류 전체의 목표인 평
화와 개인의 목적인 행복을 얻어야 할 것이다.

불기 2564(2020)년 3월

대한불교조계종 원로의원 여산如山 암도岩島

人間의 基本要素

人間의 本性과 習性

人間의 基本修業(止惡作善)

人間의 基本學業(三業淸淨)

人間의 基本要素

一切 : 五蘊　十二處　十八界　（根境識）　三十六界

一心 : 核心(本覺)　意(用心)　識(生覺)　百八번뇌

地神	水神	火神	風神	天神	精神	～六神
地氣	水氣	火氣	風氣	空氣	意氣	～六氣
地	水	火	風	空	識	～六大
色	聲	香	味	觸	法	～六境
眼	耳	鼻	舌	身	意	～六根
眼識	耳識	鼻識	舌識	身識	意識	～六識
天眼通	天耳通	他心通	宿命通	神足通	他心通	漏盡通　～六通

人間의 本性과 習性

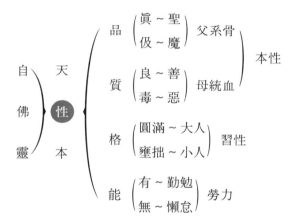

人間의 心性과 心理

一心 (한마음)

聖人　佛心

衆妙　　圓滿　　清淨

圓覺(참마음)

現代心理學　＝

凡人心　知意情　始覺(본마음)　○
　　　　　　　　△　本覺　□
　　　　　　　　×
相以覺(새마음)　眞善美　賢人心　菩薩心

＝　古代心性說

不覺

瞋　　貪　　痴

凡夫 衆生心(헌마음)

一切唯心造

13

人間의 基本修業(止惡作善)

止惡은 自己完成(小乘)이고 作善은 社會完成(大乘)이다.

不燃	不酒	不婬	不盜	不殺 ← 身	造 本 遺	
香	茶	正婬	正行	放生		善
					三業	惡
不野語	不綺語	不惡口	不兩舌	不妄語 ← 口		無記
敬語	實語	愛語	正語	眞言		
					阿 人 天	
不疑	不慢	不痴	不瞋	不貪 ← 意	順 間 神	
信義	謙遜	智慧	慈悲	布施	羅	

十五惡 善業

蓄 餓 地
生 鬼 獄

人間의 基本學業(三業淸淨)

三業
karma

몸(身)　건강　동작　행동　행위　업적　正直　持戒　淸淨

맘(心)　건전　욕심　생각　뜻　정신　秩序　禪定　三昧

숨(口)　건실　소리　말　글　문화　創造　智慧　般若

三
學

戒定慧, 三學은 身口意, 三業을 淸淨케 한다.

차례

불교의 근본진리

삼법인(三法印)　諸行無常　諸法無我　涅槃寂靜

사성제(四聖諦)　苦　集　滅　道

근본사상 : 緣起思想

(因緣生起 : 此有故彼有 此起故彼起)

근본정신 : 慈悲精神

(六波羅密 : 布施 持戒 忍辱 精進 禪定 智慧)

근본목적 : 離苦得樂

(解脫涅槃 到彼岸幸福 往生極樂)

근본주의 : 人本主義   근본주장 : 覺(깨달음)

1. 숨틀

"蠢動含靈이 皆有佛性이라"
　佛性光明은 眞空妙有요,
　空寂靈智는 般若智慧며,
　見性成佛은 聖胎長養이로다.

사람[人]과 인간人間 그리고 인생人生이란 무엇인가?
사람은 만물의 영장靈長이라 하고, 인간은 사회적 동물動物
이라 하며, 인생은 고해苦海라고 한다.
그런데 만물의 영장이라고 하는 사람을 얕잡아서 밥벌레

[食蟲]라 하기도 하고 똥 만드는 기계[製糞機], 색 쓰는 기계[色骨], 돈귀신이라고 한다. 그러나 수수한 생명의 입장에서 보면 사람은 숨틀(숨쉬는 기계)이다.

몸과 마음이 하나가 되는 것은 숨이다. 모든 생명이 다 그렇지만 사람 또한 태어나서 죽을 때까지 목으로 숨을 쉬고 살다가 숨을 쉬지 못하면 죽는다.

한때 부처님께서 제자들에게 "인간의 생명이 어디에 달렸느냐?" 하고 물으니, 한 제자가 "한 달 안에 있습니다."라고 대답을 하자, "틀렸다." 하였다. 다른 제자가 "하루 안에 있습니다." 하니, 또 "틀렸다." 하고, 어떤 제자가 "숨한 번 내쉬고 마시는 사이[呼吸之間]에 달렸습니다." 하니, 부처님께서 "네 말이 맞다."고 하셨다.

그러면 숨을 어떻게 쉬어야 바르게 생명을 유지하고 잘살 것인가?

엄마 뱃속에서는 엄마 숨[胎息] 따라 살고 세상 밖에 나와서는 폐로 숨[肺息]을 쉬다가 답답하면 배로 숨[腹息]을 쉬는데 평상시 나가는 숨을 길게 하는 것[長出息]이 가장 몸에 좋다.

사회적 동물이라고 하는 인간[人間]은 글자 그대로, 사람은 사람 사이에 사는 동물이다. 인간이 인간답게 잘 사는 법은 자기 자신을 깨닫[自覺]고 인간관계를 잘 해야 한다.

첫째, 자기 위로 부모님과 조상님을 잘 받들어 효도[孝道]하고 둘째, 밑으로 처와 자식을 사랑하며 셋째, 앞으로 형님과 선배들을 존경하고 넷째, 좌우로 친구들에게 의리를 지키며 다섯째, 뒤로 동생과 후배들에게 염치[廉恥]가 있고 여섯째, 주위의 이웃 사촌들에게 친절해야 된다.

그리고 사회생활은 예의[禮儀]를 지키고 정직[正直]해야 하며, 남을 존중[尊重]하고 배려[配慮]하면서 소통[疏通]과 협동[協同]으로 모든 일을 성공시켜야 한다.

사바세계를 고해라고 하는 인생의 목적은 무엇인가?
모든 사람들은 인생의 목적을 행복[幸福]이라 한다.
행복이란 무엇인가?

행복은 기쁘고 즐겁게 잘 사는 것이다. 그런데 사람마다 자기 생각에 따라 행복관이 다르다. 어떤 사람은 육체적 즐거움[快樂]을 행복이라 하고, 어떤 사람은 정신적인 기쁨[喜悅]을 행복이라 하고, 또 어떤 사람은 정신과 육체가 함께 기쁘고 즐거운 희락喜樂을 행복이라 하는가 하면, 어떤 사람은 영적으로 열반락涅槃樂을 누리는 것을 행복이라 한다. 불자들이 말하는 인생의 목적은 해탈하여 열반에 드는 것인데, 이론적으로는 피안彼岸이라 하고 종교적으로는 왕생극락往生極樂이라 한다.

그러면 행복의 조건은 무엇인가?
행복은 다섯 가지 복(五福:財色食名壽)이 있어야 한다. 그러나 지나친 욕심으로 탐욕貪欲이 생기면 불행해진다. 자기의 본분과 책임을 알고 정직하게 분수를 지키며 만족할 줄 아는 지혜가 있어야 한다.
또 사람이 근본적으로 참답게 잘 살기 위해서는 자기의 본성을 깨달아야 한다.

일찍이 부처님께서, "준동함령蠢動含靈이 개유불성皆有佛性"
이라 했다. 영靈이 있는 모든 생명체는 다 불성이 있다는
말씀이다.

그런데 한때 조주趙州 스님께서는 어떤 중[僧:首座]이 묻기를,
"개도 불성이 있습니까, 없습니까?" 하고 물으니, "없다."
고 했다. 그 말을 전해 듣고 다른 중이 와서, "참말로 개가
불성이 없습니까?" 하고 물으니, "있다."고 했다.

어째서 조주 스님은 처음에는 없다고 했다가 다음엔 있다
고 했을까? 진짜 개는 불성이 있는가, 없는가?
이것이 조주 스님의 무자화두無字話頭다. 화두는 해석하는
것이 아니고 의심을 해서 궁즉통窮即通이 되는 마음공부
다. 그런데 화두는 말을 듣자마자 깨닫든지, 한 달 아니면
백 일 안에 끝내야 한다. 그렇지 않으면 두뇌가 의심병으
로 먹통이 되고 만다.
처음 묻는 수좌의 말을 자세히 관조해 보면, 개에게 불성
이 있는지 없는지 모르고 한 질문에 조주 스님은 의심할

것이 없다고 했다. 그 말을 잘못 전해 듣고 다른 수좌가 와서, "참말로 개는 불성이 없습니까" 하고 물으니, 있다고 한 것이다.

어찌 됐든 불성광명佛性光明은 진공묘유眞空妙有다. 다시 말하면 불성[覺性]은 사람의 본성本性이고 마음의 핵[核心]이며 자성청정심自性淸淨心이다. 이 청정본연淸淨本然의 참마음을 본 것이 견성見性이고 본래의 자기로 돌아간 사람이 참사람이다.

참사람은 참마음으로 참말만 하고 참다운 행동을 하는 사람이다. 근자에 〈참사람〉을 내세운 분은 조계종 종정을 지낸 백양사白羊寺 서옹西翁 대종사님인데 말 그대로 참사람[眞人]은 완전한 사람[完人]이고, 부처님 같이 훌륭한 성인聖人이다.

성인이 되려면 어떻게 해야 하는가?
석가모니부처님 같이 거룩한 성인이 되려면 성태장양聖胎長養을 해야 한다.

화엄경 십주품十住品이 성태장양의 기초라 하고 이조초李朝初 함허득통涵虛得通 선사禪師께서는 장양도태長養道胎라 했는데, 이것은 부처님과 역대 조사祖師 스님들의 공통적인 수행과목이다.

사람은 누구나 다 어머니 뱃속에서는 태식호흡胎息呼吸을 하고 살다가 나오자 마자 탯줄이 짤리면서 폐肺로 숨을 쉬다가 성태(단전)가 퇴화된다. 이것을 부활시키는 것을 포태(胞胎:胎息) 또는 성태成胎라 한다. 앉는 자세도 어머니 뱃속에서처럼 쭈그리고 앉아서 양쪽 팔꿈치로 무릎을 압박하고, 양손가락을 깍지 끼고, 눈은 코끝을 스쳐 주먹손을 보며 입을 붕어 입처럼 벌리고 배꼽 밑 하단전까지 숨을 마신 다음 참을 수 있는 데까지 참았다가 코로 내쉬면서 30분 동안 준자오시(准子午時 : 오전 9시와 오후 10시)에 백일百日 동안 정진한다.

이때 부처님께서 안반수의경安般守意經에서 말씀하신 수식관(數息觀 : 들고 나는 숨을 하나로 헤아림)을 하는데, 처음에는 하단전下丹田에 의식을 집중하고 1분에 10번 정도로 시작해서 2달이면 5번 하고 3달이 되면 1번 정도 철저히 계율을 지키면서 백일 과정을 마치는데 술, 담배, 성관계, 투전은 금물이다.

탐진치 삼독심을 버리지 않고 아무 때나 특히 마시(魔時:丑未辰戌時)에 복식호흡服食呼吸을 하면 참다운 사람이 아니라 짐승 같은 몹쓸 인간이 되고 만다. 왜냐하면 복식호흡을 1달만 해도 정력이 배로 증가하기 때문에 자기도 모르게 업력을 따라 개 같은 놈, 돼지 같은 놈, 돈벌레 같은 놈이 되고 만다.

백일 과정의 태식호흡이 끝나면 천일千日 과정의 학식호흡鶴食呼吸으로 성태聖胎를 만들어야 한다.

학식은 초자시初子時와 초오시初午時에 30분씩 하는데 배꼽 뒤 중단전에 마음을 두고 가부좌로 한다. 이때 두 손으로 양쪽 무릎을 짚고 숨을 마시면서 고개를 치켜들고 지식止息할 때 목을 학처럼 양쪽으로 돌리고 코로 숨을 내쉬면서 수식관을 한다.

학식을 하는 동안 철저하게 마음에 탐진치만의^{貪瞋痴慢疑}를 버리고 무념^{無念} 무상^{無想} 무아^{無我}의 경지를 체득해야만 성태^{聖胎}가 된다. 성태가 되면 성령^{聖靈}이 되고 불성광명^{佛性光明}으로 각성^{覺性}이 되어 즉시 지혜^{智慧}가 생겨 관조^{觀照}하고 조견오온개공^{照見五蘊皆空}을 투득^{透得}하게 된다. 천일 과정의 학식을 마치면 상단전^(上丹田 : 명치 밑)에 의식을 집중하고 구식^{龜息}으로 만일^{萬日}을 성태장양^{聖胎長養}해야 한다.

성태장양은 부처님처럼 열반에 들 때까지 중생교화[行禪]를 하면서 자나 깨나 오매일여^{寤寐一如}로 정진을 하면 전신에 사리^{舍利}가 생긴다. 살아서 여의주^{如意珠} 같은 영골^{靈骨}이 죽어서 화장을 하면 진골^{眞骨} 성골^{聖骨} 사리^{舍利}가 나온다.

사바세계는 음성교체^{音聲交替}라, 소리가 이 세상을 지배한다. 말도 많고 탈도 많다. 할 말은 꼭 하고 안 할 말은 절대로 해서는 안된다.

말과 소리 그리고 말씀은 다르다. 좋은 말은 언어^{言語}라 하고 말이 아닌 말은 개 같은 소리[聲]라 하며, 훌륭한 말은 말씀[言說]이라 한다. 그런데 말씀이라 하지만 말도 안되는 소리가 있다. 그것은 거짓말이다.

최초에 사람을 만들 때, '흙을 빚어서 더운 기운을 불어 넣어서 만들었다.' 는 말이 있다. 흙[土]을 빚으려면 물[水]이 들어가야 하고 더운 기운[火氣]을 불어 넣으려면 바람[風]이 있어야 한다.

인간창조설[人間創造說]은 색신[色身]의 사대원소설[四大元素說]을 의인화[擬人化]한 것이다. 말은 소리를 가지고 사람이 만든 의사전달의 수단인데, 어떻게 말로 천지창조[天地創造]를 하고 인간을 창조했다고 하는가. 이것은 인간이 만든 조작설[造作說]이 아닌가 싶다.

우리나라 전통 가운데 풍수지리설[風水地理說]은 고려초[高麗初] 도선국사[道詵國師]께서 정착시킨 지수화풍[地水火風] 사기설[四氣說]이다. 땅을 자세히 관찰해 보면 지기[地氣]가 강한 금맥[金脈]

은 명당明堂인데, 그 옆에는 반드시 수맥水脈이 흐르고 있다. 음(-)과 양(+)은 항상 태극太極을 이루고 음이 강하면 굳어서 지(地·金石)가 되고 양이 강하면 타서 풍風이 된다. 그런데 지수화풍地水火風 사기四氣가 땅 속이나 물속에도 있고 공중에도 산소·수소·탄소·질소(O·H·C·N)가 가득 차 있다.

하늘에는 해(양 덩어리)가 있고, 땅 위에는 음 덩이[物體]가 널려 있다. 그 가운데 빛[色]과 볕(+) 그리고 소리(-)가 엉켜서 식물, 동물을 만들고 남녀男女가 생기는데 체질體質이 태음太陰, 태양太陽, 소음小陰, 소양小陽으로 나뉜다.

요즘 사람들이 자기네 자신을 소우주小宇宙라 한다. 우주는 시간과 공간이다. 시간은 태양과 지구 사이에 일어나는 광도현상光度現象인데 찰라도 쉴 새 없이 변화무쌍한 것이다.

공간은 가만 있는데 그 가운데 크고 작은 물질이 시간 따라 쉴 새 없이 움직이며 변화하고 있다. 특히 지수화풍 공기는 밤낮으로 다르게 변한다. 가시적인 음양은 밤이 음 (-)이고 낮이 양(+)이지만 공기는 한 밤중 자시子時가 양이고 한낮 오시午時가 음이다. 음중양陰中陽을 진양眞陽이라 하고 양중음陽中陰을 진음眞陰이라 한다. 그래서 자시(子時 : 밤11시~1시)에 태식호흡胎息呼吸을 지나치게 하면 몸에 열이 나고 눈빛이 빨갛게 되며 오시(午時 : 낮11시~1시)에 태식호흡을 많이 하면 몸이 차고 눈빛이 파랗게 된다. 이것을 보고 지도자[善知識]는 자 · 오 · 묘 · 유시(子 · 午 · 卯 · 酉時)에 사분정진四分精進을 시켜서 자연의 질서에 통[道通]하게 한다. 그리고 신통술神通術은 인 · 신 · 사 · 해시(寅 · 申 · 巳 · 亥時)에 송주誦呪와 기도祈禱로 정근精勤을 하도록 한다.

인간의 몸과 마음은 호흡을 통해서 삼위일체三位一體로 하나가 된다. 아무리 힘이 좋은 사람도 호흡을 중지하면 당장 목숨이 끊어져 혼비백산魂飛魄散이 되고 만다. 사람은 누구나 다 이 세상에 태어나서 죽을 때까지 평생 호흡을 통해서 그 나름대로 영적 공부를 한다.

공부工夫란 무엇인가?

일반 사람들이 하는 공부는 먹고 살기 위해 학교나 학원에 가서 지식을 습득하는 것이고 절집에서 하는 공부 역시 생활을 위해서 학교나 강원에서 경전과 의식을 배우는 것인데, 자기 몸집 안에 성태공장聖胎工場을 차리고 돌려서 청정한 마음을 만드는 것이 진짜 공부다. 그래서 마음공부라 한다. 언제 어디서 어떻게 숨틀을 잡아 돌려야 할 것인가? 인생의 길은 한마디로 숨길이다. 나가는 숨이 길면 오래 살고 짧으면 오래 못산다. 생활의 삼대 조건인 의식주衣食住도 숨쉬기 위한 보조 수단이다.

신구의身口意 삼업三業을 청정케 하는 계정혜戒定慧 삼학三學이 모든 수행의 근본이지만 성태장양聖胎長養을 해야만 견성성불見性成佛 할 수 있다.

훌륭한 스승[善知識]을 만나고 좋은 도반道伴을 얻어 지극 정성으로 성태장양을 하는 것이 참다운 인생의 길[道]이요, 진리[法]요, 생명生命이요, 등불[燈火]이다.

2. 인생은 나그네

인생은 나그네
외로운 나그네의 길
어디서 왔다가 어디로 가는가,
아무리 생각해도 알 수가 없네.

내 맘대로
버들피리 꺾어서 불고
물 따라 바람 따라
살다가 가려하네.

1971년 내 나이 33살에 동국대학교 불교대학 3학년 겨울 방학 때, 백상원 기숙사 종비생 42명이 수원 용주사 중앙선원中央禪院으로 수련을 갔다.

그 당시 조실祖室은 유명한 전강田岡 큰스님이시고 주지는 송담松潭스님이었다.

수련 3일째 되던 날 사시(巳時, 10시 쯤)에 조실스님께서 법문法問을 하시는데, 판소리의 대가인 임방울의 노래를 하시는 것이었다.

"아, 임방울이 마누라가 죽어서 시체를 앞에 놓고, 앞산도 첩첩하고 뒷산도 첩첩헌디 우리 마누라 어디로 갔노? 했것다. 어디 아는 사람 있으면 말해봐라. 있냐? 없냐?" 하시는 것이었다.

그러나 아무도 말이 없어서 한참을 지나 내가 손을 번쩍 들었다.

그러니까 큰스님께서 "어! 이것 봐라. 아는 놈이 하나 있구나. 말로 해라 잉. 내가 늙어서 힘이 없다. 말로 해라." 하시는 것이었다.

그래서 내가 손을 내리고, "무거무래역무주無去無來亦無住인데 가기는 어디로 가요?" 하니까, "응? 뭐라? 가만 있자, 안 되것다 내가 한마디 더 해야겠다." 하시더니, 알 수 없는 게 송偈頌을 읊으시고, "알 것냐, 모르것냐?" 하시고는, 내가 말이 없자 주장자拄杖子를 세 번 치고 내려 가셨다.

그 뒤로 내가 무슨 말을 해야 했을까? 하고 한 두 달 화두話頭가 되어 뇌리 속을 떠나지 않았다. 4학년 신학기가 되어도 학교 공부가 재미없어 동대문 옆 청룡사靑龍寺로 탄허呑虛 큰스님을 찾아 갔다.

큰스님께 절을 세 번 올리고 대뜸, "금년에 염라대왕 연세가 몇 살입니까?" 하니 아무 말씀 없이 나를 한참 쳐다보시더니 단주短珠를 돌리시는 것이었다.

그래서 나는 무례無禮하게도 "무량수無量壽란 말입니까?" 하니 큰스님께서 "차나 한 잔 하자." 하고 웃으시는 바람에 나도 웃고 말았다.

그 뒤로 며칠 있다가 인천 용화사를 찾아가려고 했는데 전강 큰스님께서 입적入寂해 세상을 떠나셨다.

만약 내가 큰스님을 친견했더라면, "큰스님, 임방울의 마누라가 어디서 왔습니까? 그곳을 가르쳐 주시면 간 곳을 말씀드리겠습니다." 했을 것이다.

인생은 고해苦海라고, 일찍이 부처님께서 고·집·멸·도(苦集滅道) 사성제四聖諦를 말씀하셨다. 인생의 전체 과정인 생·노·병·사(生老病死)가 고통이고 사랑하는 사람과 헤어지는 것이 고통이며[愛別離苦] 원수나 싫은 사람과 만나는 것이 고통[怨憎會苦]이며 얻고자 구하는데 얻지 못하는 것 또한 고통[求不得苦]인 것이다.

그리고 인생은 인연 노름이라고도 한다.

그런데 그 인연의 내용이 무엇인지 알 수가 없다. 좋은 인연은 복福이고 나쁜 인연은 화禍다. 복을 짓고 화를 당하는 것은 본인이 짓고 받는 것이다. 복을 자업자득自業自得이라 하고 화는 자작자수自作自受라 한다.

인연因緣은 근본 원인과 보조연을 합친 말인데 모든 것이 근본 원인은 자기 자신이고 보조적 연은 환경조건이다.

그러나 좋은 인연을 만나고 못 만나는 것은 본인의 노력과 능력이 선인선과 악인악과(善因善果 惡因惡果)로, 콩 심은데 콩 나고 팥 심은데 팥 난다고 하는 것이다.

어찌 됐든 인생은 고해(苦海)라 하는데 그 원인은 무엇인가? 고의 원인은 한두 가지가 아니고 여러 가지 집착(執着)이 모여[集]서 생긴다는 것이다. 중생은 누구나 다 본능적으로 자기가 아는 것과 필요한 것에 집착하기 때문에 아집(我執 : ego)이 생겨서 고(苦)가 되는 것이다.

그러면 어떻게 해야 고를 없앨 수 있는가? 그것은 아집 이전에 생긴 잘못된 아상(我相)을 없애[滅]야 한다. 그렇게 되면 즉시 해탈(解脫)하여 열반(涅槃 : Nibbana)에 든다.

열반, 적정(寂靜)에 드는 방법은 무엇인가? 그 구체적인 방법(길)으로 팔정도(八正道)가 있다.

첫째 바른 견해[正見]를 세상만사 인생을 지혜롭고 바르게 보고, 둘째 생각을 바르게[正思]하고, 셋째 말을 바르게[正語]하며, 넷째 행동을 바르게[正業]해야 한다. 또 다섯째는 바른 생활[正命]을 하고, 여섯째 바른 신념[正念]을 가지고, 일곱

째 바른 정진[正精進]을 하며, 여덟째 바른 선정[正定]을 얻어
야 한다.

이상 거룩한 인생(수도생활)의 진리[四聖諦]를 체득體得하면
고해를 건너 피안彼岸의 언덕에 도달到達하게 된다. 다시 말
하면 피안彼岸이 가장 이상적인 세계라고 하면 극락세계極
樂世界의 집[天堂佛刹]은 종교적인 목적이다. 그리고 기쁘고
즐거운 행복(幸福 : 喜喜樂樂)은 현실적인 인생의 목적이다.

우선 보리도菩提道를 구하면[上求菩提] 수다원(須陀洹 : 預流果) 사
다함(斯多含 : 一來果) 아나함(阿那含 : 不還果) 아라한(阿羅漢 : 無學果) 4
과四果를 증득하여 오욕(五欲 : 財色食名壽)을 벗어버리고 성인
(聖人 : 覺者)이 되는 것이다.

다음 단계로 보살도菩薩道를 행[修行]하면[下化衆生] 십지十地보
살이 되어 성불(成佛, 佛國土建設 : 社會完成)하게 된다.

초지(初地 歡喜地)의 수행과목은 보시報施다. 보시는 법시法施,
재시財施, 무외시無畏施가 있고 주는 사람과 받는 사람 그리
고 주고받는 물건이 청정(清淨 : 施受物三施清淨)해야 한다. 보

통 사람들은 얻어먹고 받아쓰고 뺏어먹는 것을 좋아하지만 수행자는 베풀어 주는데서 부모의 마음 같은 환희심이 난다.

이지(二地 離垢地)의 수행과목은 지계(持戒, 十善法)다. 더러운 탐·진·치(貪瞋痴) 삼독심三毒心을 떠나 청정하게 계를 지키면 마음이 편안해서 이구지가 된다.

삼지(三地 發光地)의 수행과목은 인욕바라밀忍辱波羅蜜이다. 참는 자가 복이 있다. 참고 견디면 결과적으로 나쁜 것도 좋아져 복이 된다. 못 참고 화를 내면 자기 몸과 마음이 상하고 병들어 일찍 죽는다. 잘 참고 이겨내면 지혜의 광명이 피어나게 된다.

사지(四地 焰慧地)의 수행과목은 정진바라밀精進波羅蜜이다. 일반적으로 노력은 성공의 어머니라고 하는데 정진은 지극 정성으로 피안을 향해 일로 매진하는 것이다. 힘은 쓸수록 나온다고 그 속에 지혜의 불꽃이 튀기 때문에 염혜지에 오르는 것이다.

오지(五地 難勝地)의 수행과목은 선정바라밀禪定波羅蜜이다. 선정은 정신통일의 경지로 삼매三昧다. 정신일도精神一到 하사불성何事不成이라, 정신통일이 되면 안 되는 일이 없어서 난승지가 되는 것이다.

육지(六池 現前地)의 수행과목은 지혜바라밀智慧波羅蜜이다. 지혜는 현실 긍정적 사고思考로 인연생기因緣生起하는 멀고 가까운 연기법이 눈앞에 보임[觀照]으로 현전지라 한다.

칠지(七地 遠行地)의 수행과목은 방편바라밀方便婆羅蜜이다. 무슨 일이든지 목적달성을 위해서는 방편이 필요하다. 교통만 하더라도 비행기로 가는 항공편이 있고, 기차, 자동차, 배, 발로 걸어가는 방법[方便]이 있다. 중생의 업을 멀리 떠나야 하기 때문에 선교방편善巧方便으로 이룬 칠지를 원행지라 한다.

팔지(八地 不動地)의 수행과목은 원바라밀願波羅蜜이다. 소원이나 희망이 없는 사람은 목적의식이 없기 때문에 정신력이 약하다. 힘이 있으면 이기고 힘이 없으면 진다.

사홍서원(四弘誓願 : 衆生無邊誓願度 煩惱無盡誓願斷 法問無量誓願學 佛道無上誓願成)을 보면 불자들의 소원이 얼마나 큰가, 부동지에

올라야 한다.

구지(九地 善慧地)의 수행과목은 역바라밀力波羅蜜이다. 중생은 업력業力으로 살고 보살은 원력願力으로 수행한다. 사업이나 수행이나 수련修練을 해서 득력(得力 道力)해야 도고마성道高魔盛, 마장魔障을 이기는 선혜지善慧地의 힘[力]을 얻는다.

십지(十地 法雲地)의 수행과목은 지바라밀智波羅蜜이다. 십지十地의 지는 실상반야實相般若로 직관적 지혜다. 설법이 온 세상에 비를 내리게 하는 구름 같은 법운지法雲地는 십지보살의 마지막 수행의 결과다.

그리고 십지十地를 넘어 불지佛智와 같은 평등일여平等一如의 등等覺과 절묘한 깨달음의 묘각妙覺이 있다.

인생은 나그네, 외로운 나그네의 길, 괴로우나 즐거우나 자비보시慈悲報施 지계청정持戒清淨으로 인욕정진忍辱精進하여 선정지혜(禪定智慧, 觀照般若 : 觀察智)를 얻고 방편方便 원願 력力 지(智, 實相般若 : 直觀知) 십바라밀十波羅蜜을 성취하여 우리 다 같이 성불成佛해야 할 것이다.

3. 참으로 잘 사는 법

사람은 누구나 잘 살기 위해서 자기들 나름대로 불철주야
不撤晝夜 노력을 한다. 잘 산다는 것은 '옳고 바르게 산다'
는 말인데 어떻게 하면 참으로 잘 살 수 있을까?
우리가 참으로 잘 살려면 어떤 도인道人의 말씀과 같이 자
연을 보고 배워야 한다.

청산은 나를 보고 말없이 살라하고,
창공은 나를 보고 티없이 살라하네.
욕심도 벗어놓고 성냄도 벗어놓고,

물같이 바람같이 살다가 가라하네.

우리가 참으로 잘 살려면 말을 적게 하고, 마음에 티가 없게 하며, 욕심과 성냄을 버리고, 물같이 바람같이 살아야 한다. 그리고 인과법因果法을 믿고 나쁜 짓을 하지 말고, 좋은 일에 힘쓰며 선량하게 살아야 한다.

또 불·법·승(佛法僧) 삼보三寶에 귀의하고, 계·정·혜(戒定慧) 삼학三學을 배워서 탐·진·치(貪瞋痴) 삼독三毒을 없애고, 신·구·의(身口意) 삼업三業을 청정清淨케 하여 참사람이 되어야 한다.

참사람은 어떤 사람인가? 참사람은 글자 그대로 진인眞人 또는 도인道人이라 하는데, 부처님 같은 성인聖人이다. 다시 말하면 참사람은 참마음으로 참말만 하고, 참다운 행동을 하는 사람이다.

참으로 훌륭한 참사람이 되려면 어떻게 해야 하는가? 참사람은 우선 자기 자신을 깨닫고[自覺], 우주의 근본진리根

本眞理를 깨달아야 한다.

첫째, 나는 누구인가? (因緣)

나는 82년[戊寅]전 8월 25일 전라북도 고창군 대산면 회룡리 64번지 토담집에서 성가成家 환기桓基로 태어났다. 그리고 17살에 백양사白羊寺로 출가하여 암도岩度란 중[僧]이 되었다.

둘째, 나는 무엇인가? (構造)

나는 1m63cm의 키에 65kg 무게의 남자이다. 몸덩어리는 다른 사람과 똑같이 지·수·화·풍(地水火風) 사대색四大色으로 안·이·비·설·신·의(眼耳鼻舌身意) 여섯 가지의 감각기관과 수·상·행·식(受想行識)의 의식작용意識作用을 하는 마음으로 뭉쳐진 동물 가운데에 묘한 물건(사람)이다.

사람은 누구나 다 몸과 마음[五蘊]이 빈 깡통인데 생각에 따라서 말과 행동이 다르며 이상적理想的 목표가 다르다. 그

숨틀   44

것은 전생업(前生業 : 父母, 祖上의 씨)과 금생의 환경조건과 자기의 능력(근기와 노력)에 따라 다를 수밖에 없다.

환경은 자연환경부터 가정환경, 사회환경이 좋아야 하고, 조건은 인연관계로 혈연血緣, 지연地緣, 학연學緣, 직장연職場緣, 법연法緣이 좋아야 인생이 순탄하다. 어찌 됐든 참사람은 연기법緣起法을 깨달아야 심령心靈이 크고 심량心量이 넓고, 심사心思가 깊고, 심성心性이 깨끗해진다.

연기는 인연생기因緣生起를 줄여서 쓰는 말인데, '이 세상 모든 것이 다 인연이 있어서 생기고 인연이 없으면 사라진다.'는 평범한 진리이다. 석가모니부처님께서 "이것이 있기 때문에 저것이 있고 이것이 없으면 저것도 없다."고 연기법을 설파하였다.

다함이 없는 무진연기無盡緣起의 입장에서 보면 창조설創造說이나 종말론終末論은 연기의 단면斷面을 가지고 주장하는 편견에 불과한 것이다.

그런데 연기법은 왜 지속적으로 생기는 것일까? 연기법이나 진화론進化論은 시간과 공간이 있기 때문에 발생하는 것이다. 시간은 태양과 지구 사이에 일어나는 광도현상^光^{度現象}이고, 공간은 텅 빈 하늘인데 허공^{虛空}이라 한다. 긴 시간은 세월^{歲月}이고 짧은 시간은 분^分·초^秒·찰나^{利那}다. 찰나는 7분의 1초라 하는데 보통사람은 감지가 안 되는 변화^{變化}다.

시간적 현상은 길든 짧든 무상[諸行無常]한 것이고, 공간적 존재는 크든지 작든지 있는 그대로 있는 것은 아무 것도 없어서 무아[諸法無我]인 것이다. 이것을 모르는 사람은 인생이 고통스럽고 이 사실을 확실히 깨달으면 모든 것을 체념^{諦念}하고, 마음이 열반적정^{涅槃寂靜}해서 상락아정^{常樂我淨}으로 일일시호일^{日日是好日}이 되는 것이다.

그러면 인간으로서 최소한 선량^{善良}하게 잘사는 방법은 무엇인가? 그것은 인간의 본능인 신·구·의^(身口意) 삼업^{三業}을 청정하게 해야 한다.

몸은 살생하고, 도적질하며, 음행하고, 입은 거짓말하고, 이간질하며 험악한 소리를 잘하고, 사기 치는 소리는 잘하고, 마음(뜻)은 탐욕과 진심 그리고 어리석은 욕심을 낸다.

이 십악업十惡業을 참회하고 십선업十善業으로 바꿔야 한다. 몸으로 살생하지 말고 방생放生을 하고, 도둑질하지 말고 바른 직업正業을 갖고, 사음邪淫하지 말고 바른 성생활을 해야 한다. 그리고 입으로는 거짓말을 말고 참말[眞言]하고, 이간질하지 말고 바른 말正語을 하며, 험악한 소리를 하지 말고 사랑스런 말[愛語]을 하며, 사기 치는 소리를 하지 말고 사실대로 말[以實直告]해야 한다. 또한 마음으로는 탐욕貪慾을 버리고 보시布施하며, 진심瞋心을 버리고 자비심慈悲心을 내며, 어리석은 생각은 버리고 지혜智慧로 바꿔야 한다. 이 십선운동十善運動은 대승불교가 주장하는 인성개발법人性開發法으로 사회생활의 진리이다.

하나 더 참고할 것은 인성교육진흥법人性教育振興法이다.

오늘날 물질주의와 향락주의 때문에 윤리도덕이 무너지고, 인성이 동물성에 가까운 현실을 바로잡기 위해 2015년 7월 14일 국회에서 인성교육진흥법人性教育振興法이 법제화가 되었다. 그 내용은 예禮 · 효孝 · 정직正直 · 책임責任 ·

존중尊重 · 배려配慮 · 소통疏通 · 협동協同이다.

예禮는 우리나라의 자랑인 동방예의지국東方禮儀之國을 되살리자는 뜻이고, 효孝는 백행지본百行之本이라는 윤리의 근본이며, 정직正直은 사회질서를 잡아 문화의 고도高度를 높이자는 의미이고, 책임責任은 자기의 본분本分을 다하고 분수(分守 · 分數 · 分隨)를 지켜야 한다는 취지일 것이다.

존중尊重은 남의 인격을 존중하고, 배려配慮는 상대방의 입장을 이해하고 도와주는 것이며, 소통疏通과 협동協同은 대화를 통해서 화합하고 서로 협동해서 잘 살자는 것이다.
사람이 선량하고 아름답게 살려면 윤리도덕을 지키고, 진실하고 정직하게 살려면 제행무상諸行無常 · 제법무아諸法無我 · 열반적정涅槃寂靜 삼법인(三法印 : 진리의 근본)을 깨달아 번뇌망상煩惱妄想을 버리고 참사람이 되어 참으로 잘 살아야 한다.

팔정도(八正道)

정견(定見)

정사(正思)

정어(正語)

정업(正業)

정명(正命)

정근(正勤)

정념(正念)

정정(正定)

4. 바르게 잘 사는 법

이 세상에는 많은 길이 있다.

하늘에는 천도天道 황도黃道 흑도黑道가 있고, 땅에는 육로陸路 도로道路 인도人道가 있으며, 바다에는 해로海路 항로航路가 있다. 그리고 사람 사는 데는 만 팔천 개 이상의 인생의 길(직업)이 있다. 또 눈에는 눈길이 있고 귀에는 소리길이 있으며 코에는 숨길, 발에는 발길, 손에는 손길, 마음에는 뜻길[意路]이 있다.

그 가운데 잘 사는 길은 여덟 가지 바른 길[八正道]이 있다.

첫째, 바르게 잘 사는 길은 정견正見이다.

정견은 불성광명佛性光明을 바르게 보고 사견邪見이나 편견偏見에 빠지지 않고 바른 마음으로 세상과 자기 인생을 바로 보는 견해이다. 어찌 보면 인생은 전부가 보는 것이다. 눈으로 보고 귀로 들어보고 코로 맡아 보고 입으로 먹어 보고 손으로 만져 보고 생각해보는 것이 인생살이라고 할 수 있다.

사람은 몸의 감각기관이 건강해야 마음이 건전하지 그렇지 않으면 장애인이 된다. 눈이 고장 나면 봉사, 귀가 고장 나면 귀머거리 코가 고장 나면 킁킁이, 입이 고장 나면 벙어리, 발이 고장 나면 절룩발, 머리가 고장 나면 바보 인생이 되고 만다.

그런데 아무리 몸이 잘 생기고 멋이 있어도 마음이 병들면 빙신이다. 그 사람은 정신이 어리빙빙하니까.

어찌됐든 소승 삼법인[일체(一切皆苦 · 諸行無常 · 諸法無我)]을 확실하게 알아야 한다.

둘째, 바르게 잘 사는 길[道]은 정사正思다.

견해가 바른 사람은 생각이 바를 수밖에 없다. 서양의 사상가 파스칼(Pascal)은 사람은 생각하는 갈대라고 말했다. 이 생각 저 생각 오만 가지 생각이 죽 끓듯 하는 것이 중생衆生인데 시간적으로 보면 과거 생각은 기억記憶이나 추억追憶이라고 생각 억憶 자를 쓰고, 현재 생각은 사고思考 사유思惟라고 생각 사思 자를 쓰며, 미래 생각은 상상想想 이상理想이라고 상想 자를 쓴다.

그리고 과거 현재 미래를 통틀어서 신념信念 이념理念이라고 념念 자를 쓴다.

과거심도 불가득不可得이요, 현재심도 불가득이요, 미래심도 불가득이라고 하지만 과거의 기억이나 현재의 사고나 미래의 이상이 잘못되면 그 인생은 망치고 만다.

한 생각 잘 하면 한 평생 잘 살고 한 생각 잘못되면 그 사람은 평생을 잘 못살게 된다.

셋째, 바르게 잘 사는 길[道]은 정어正語이다. 정어는 거짓말하지 않고 있는 그대로 사실을 바르게 말하는 것이다.

인간의 역사는 말부터 시작하고 인류의 정신문화는 글에서 출발한 것이다. 말과 글은 사람의 의사意思를 전달하는 약속 수단이다. 말은 입에서 귀로 전달하는 소리고, 글은 손에서 눈으로 전달하는 상형象形이다.

말을 많이 한다고 잘 하는 것이 아니고, 안 한다고 해서 좋은 것이 아니다. 할 말은 꼭 하고 안할 말은 입을 닫는 것이 좋다.

현대사회가 시끄러운 것은 하지 말아야 할 말을 누구나 큰 소리로 외치기 때문이다. 옛적엔 길이 아니면 가지 말고 말이 아니면 탓을 하지 말라고 했다. 그래서 요즘 아이들이 말이 아닌 소리를 개소리라고 한다.

고운 말 한마디로 천 냥 빚을 갚는다는 말이 있는가 하면 쓸데없는 소리 잘 못해서 신세 망치는 경우도 있다. 구시화문口是禍文이라, 세치三寸 혀를 조심해야 한다.

모든 가정이 화목하고 사회가 화합하고 국가가 평화로우려면 모든 사람들이 바른 말로 중론重論을 모으고 공론公論을 소통疏通시켜서 국론國論을 하나로 묶어야 한다.

넷째, 바르게 잘 사는 길[道]은 정업正業이다. 정업은 바른 행동과 행위다. 업業이란 까르마(Karma)라 하는데 의도적인 행위다. 우리 말 가운데 생활용어로 가장 많이 쓰는 말이다. 학교에 가서 공부하는 것은 수업 또는 학업이라 하고 끝나면 졸업이라 하며 농사짓는 농업, 공장을 차리면 공업, 장사하면 상업, 점포를 열면 개업, 놀면 휴업, 그만두면 폐업, 사람이 하는 짓은 무엇을 하든지 사업이고 작업이라 한다.

생각과 말과 행동이 바른 사람은 정직한 사람으로 사회의 지도자가 될 수 있다. 아무리 생각이 좋고 말이 좋다 하더라도 행동이 바르지 못한 사람은 결국 위대한 인물이 될 수 없다.

다섯째, 바르게 잘사는 길[道]은 정명正命이다. 정명은 바른 생활로 생명을 이어 가는 바른 직업이다. 정당하지 못한 직업이나 공직생활을 해도 부정한 짓을 하면 정명이 아니다.

특히 수도생활修道生活을 하는 사람이 계율戒律을 지키지 않고 참선한다고 망상을 피운다든지 불사佛事를 한다고 재물과 색을 밝히는 짓은 속인보다 더 큰 죄를 짓고 삼악도三惡道에 떨어질 확률이 높다. 윤회輪廻를 모르고 인과법因果法을 믿지 않는 사람은 중[僧]도 아니고 불자佛子도 아니다. 더욱이 스님은 자기 스스로 님이라고 자부할 수 있는 법력法力과 도력道力이 있어야 한다.

여섯째, 바르게 잘 사는 길[道]은 정념正念이다. 바른 신념과 이념을 정념이라 한다. 불·법·승(佛法僧) 삼보三寶에 귀의하고 계·정·혜(戒定慧) 삼학三學을 닦아서 견성見性 성불成佛하겠다는 신념이 있어야 훌륭한 수도승으로 도인이 되는 것이다.

아무리 작은 일이라도 신념이 없는 사람은 성공할 수 없다. 더욱이 삼계三界의 대도사인 완전한 사람(부처님)이 되려면 지극한 마음으로 생명을 삼보에 바치고[至心歸命] 말그대로 확고한 신념[四弘誓願]을 가져야 한다.

믿음은 도의 근원[信爲道源]이요, 일체 모든 선근善根을 장양
長養시킨다 했다.

일곱째, 바르게 잘 사는 길[道]은 정정진正精進이다. 정정진
은 바르게 정성껏 목적을 향해 진격하는 것이다. 일반 사
회인들도 노력은 성공의 어머니라고 한다. 하물며 지고
지순至高至純한 성불成佛을 적당히 노력해서 되겠는가?
정진은 지극한 마음으로 정밀精密하게 쉴 새 없이 백척간
두진일보百尺竿頭進一步해야 한다. 어쩌다 자기별을 좀 보고
심월心月이 독로獨露했다고 해서 보임保任한다는 핑계로 잠
시라도 쉬면 정진하고는 십만 팔 천리나 멀어지게 된다.
부처님께서는 열반하시기 전까지 제자들에게 죽을 때까
지 정진하라고 신신당부申申當付했다.

지성至誠이면 감천感天이라, 수도修道는 혼신의 힘을 다해서
전력투구해야 성도成道하는 것이다.

여덟째, 바르게 잘 사는 길[道]은 정정正定이다. 정정은 바른
선정삼매禪定三昧다. 삼매는 정신통일의 경지로 참선하다

가 정신통일이 되면 선정삼매, 독서하다가 정신일도精神一到하면 간경삼매, 염불念佛하다가 삼매에 들어가면 사사삼매事事三昧라 백 천 가지 삼매가 있다. 초선·이선·삼선·사선정四禪定을 거쳐 아라한이 되는 것이다. 정정은 팔정도의 종착역이다.

이상 여덟 가지 바르게 잘 사는 길[道]은 우선적으로 불지佛智를 얻어서[上求菩提] 자기완성自己完成하는 수도과목(修道科目:三十七助道品) 가운데 대표적인 덕목이다.

다시 말하면 바른 견해[正見]로 생각과 말과 행동이 바르고 바른생활[正命]을 통해 바른 신념과 바른 정진으로 바른 선정을 얻어서 해탈하여 열반에 드는 것이 바르게 잘 사는 길[道]이다.

육바라밀(六波羅蜜)

보시(布施)

지계(持戒)

인욕(忍辱)

정진(精進)

선정(禪定)

지혜(智慧)

5. 복스럽게 잘 사는 법

복스럽게 잘 사는 길은 대승[大乘菩薩道] 가운데 자비보시[慈悲布施]가 제일이다. 자비심이 넘치면 보시행이 따라서 사회완성[成佛國土]이 될 수 밖에 없다.

소승적 자리[自利]의 수도[修道]가 완성[見性]되면 대승적 이타[利他]의 수행[修行]이 완성[성불(成佛)] 되어야만 상구보리[上求菩提] 하화중생[下化衆生]으로 불자의 사명을 다하는 것이다.

인생은 복[福] 불복[不福]이라고 한다. 복은 행복[幸福]을 말하고 불복은 화[禍]를 말한다. 복을 짓고 복을 받고 복을 누리는 것은 자기 자신의 일[自業自得 自作自受]이다.

일반적으로 생활이 넉넉한 사람은 행복하고 의식주^{衣食住}가 변변치 못한 사람은 불행하다. 그러나 출가 전 석가모니 부처님처럼 행복의 조건인 오복^(五福 : 財色食名壽)이 넘친다 하더라도 본인의 마음이 흡족하지 못하면 행복하다고 할 수는 없다.

사람마다 정신적 차원에 따라서 인생의 목적인 행복관^{幸福觀}이 다르다. 육체적인 쾌락^{快樂}을 행복이라고 하는 사람이 있는가 하면 정신적 희열^{喜悅}을 행복이라고 말하고 단란한 부부생활^{喜喜樂樂}을 행복이라고 주장하는가 하면 진리를 깨달아 열반락^{涅槃樂}을 누리는 사람도 있다.

실제로 복이란 무엇인가? 쉽게 말하면 복은 좋은 인연^{因緣}이다. 그래서 인생을 인연 놀음이라고도 한다.

예를 들면 혈연^{血緣} 지연^{地緣} 학연^{學緣} 직장연^{職場緣} 법연^{法緣} 등 모든 사람들은 수많은 인연 속에 살면서 좋은 인연을 만나기 위해 노력한다.

초년에 부모를 잘 만난 사람은 부모복이 있고 말년에 자식을 잘 둔 사람은 자식복이 있고 중간에 처를 잘 만나면 처복이고 남편을 잘 만나면 남편복이고 가는 데마다 돈이 잘 생기면 재財 복이고 먹을 것이 풍부하면 식食 복이고 매일 일만 생기면 일복이 많다고 하며 심지어 자주 얻어맞는 사람은 매복이 많다고 한다. 그리고 죽어서 좋은 곳으로 가는 사람은 명복冥福이 좋다고 한다. 명복은 살아 생전에 좋은 일[業福] 많이 한 덕이다.

복은 자기가 지어서 받는 것[自作自受]이다. 전생에 좋은 일을 많이 한 사람은 천복天福이 있다고 하고, 금생에 아무리 노력을 해도 겨우 밥밖에 못 먹는 사람은 전생에 복을 짓지 못했기 때문이다.

그러면 어떻게 해야 복을 짓는가?

첫째, 복스럽게 잘 사는 길은 보시布施다. 보시는 자비심으로 남에게 베풀고 사는 대승보살도大乘菩薩道다. 사랑의 근본 마음이 자비심慈悲心인데, 부모가 자식을 사랑하듯이 베풀어야 한다. 정신적으로나 육체적으로나 물질적으로나 상대를 위해서 아낌없이 돕는 것이다. 옛날 말로는 법시法施 재시財施 무외시無畏施 삼시청정三施淸淨이라고 하는데, 주는 사람 마음이 깨끗하고 받는 사람 마음도 깨끗하며 중간에 주고받는 물건이 깨끗해야 한다. 세상살이는 주고받는 것(give and take)이라고 하지만 무엇이든지 주면 잘 받아 주어야 한다. 사랑도 주기만 하고 상대가 받아주지 않으면 짝사랑이 되고 만다.

우리 몸의 감각기관은 전체가 주는 것이다. 눈으로 봐주고 귀로 들어주고 입으로 먹어주고 코로 맡아주고 손으로 만져주고 마음으로 생각해 주고 온통 우리 인간은 주는 것 뿐이다. 그러니 자비심으로 잘 주고 사는 것이 복을 짓고 복스럽게 잘 사는 것이며, 모든 은혜(부모, 스승, 친구, 사회, 국가)에 보답하는 길이다.

둘째, 복스럽게 잘 사는 길은 지계持戒다. 지계란 계를 지킨다는 뜻이다. 다시 말하면 자기 자신의 욕망과 분노를 통제하고 남의 인격을 존중하며 배려하는 것이 계의 근본

취지다. 소승계는 나쁜 짓 하지 않는 지악止惡을 주장하지만 대승보살계는 착한 일 하는 것[作善]을 강조한다. 살생은 물론 안하고 방생放生을 하며 도적질 안 하고 바르게 살며 사음하지 않고 거짓말 하지 않고 참말만 하고 술 안 마시고 깨끗한 물을 마시는 것이 사실은 자기가 자기를 위해 복 짓는 것이다.

본능에 가까운 업과 습관[業習]이 잘못되어 그렇지 자기 건강을 위해서도 계는 지켜야 복스럽게 잘 사는 길이다. 계戒를 깊이 생각해 보면 부처님과의 약속이다. 친구와의 약속은 말로 하면 언약言約이고 글로 하면 서약誓約이다.

사회생활에 있어서 강제적인 약속이 있다. 그것은 법률法律이다. 그리고 자기가 자기하고 하는 약속이 있는데 이는 결심決心이라고 한다. 인생은 약속을 잘 지키면 복스럽게 잘 살 것이고 안 지키면 불행할 수 밖에 없다. 신용이 재산財産이라, 약속이 신용을 낳고 신용이 재산을 낳는다.

셋째, 복스럽게 잘 사는 길은 인욕忍辱이다. 인욕은 참고 견디는 것이다. 마음에서 일어나는 탐욕과 진심瞋心을 참고 육체적으로 힘든 일이나 치욕을 억울해도 이겨내는 것이다. 옛날 어머니들은 시어머니 앞에서 눈도 크게 뜨지 못하고 참고 사는 것이 미덕이었다. 요즘 여자들은 참다가 속 앓이 생긴다고 막 퍼 대다 보니 고부간에 존경과 사랑은 어디로 갔는지 찾아보기 힘들다.

백 번 참으면 살인도 면하고 인욕은 수행修行의 근본이라고 했다. 재미있는 말로, 참는 자가 복이 있나니, 천당과 극락이 자신의 것이다. 최후의 승리자는 참고 이기는 것이며 복을 받는 법이요 길이다.

넷째, 복스럽게 잘 사는 길은 정진精進이다. 정진은 견성성불을 목표로 정밀하게 쉬지 않고 밀어붙이는 것이다. 일반사업도 노력해야 성공하는 법인데 생사문제를 해결하는 마음공부는 지극정성으로 혼신의 힘을 다해서 전력투구하지 않으면 절대 불가능한 것이다.

부처님 같이 근기根機가 수승殊勝해도 입산수도(入山修道：上求

菩提)를 6년 하시고 하화중생下化衆生을 45년 동안 포교수행
布教修行을 하셨는데 하근기인 우리가 먹을 것 다 먹고 중도
수행中道修行한다고 적당히 살아서 무슨 재주로 성불하겠
는가?

무상한 세월을 아끼고 속득해탈速得解脫을 위한 정진은 복
을 받는 수행으로 복스럽게 잘 사는 길이다.

다섯째, 복스럽게 잘사는 길은 선정禪定이다. 선정은 정신
통일의 경지로 복을 누리는 길이다.

아무리 복을 많이 짓고 받았다 하더라도 결국 복을 누리
지 못하면 불행한 사람이 되고 만다. 설사 행복의 조건을
다 갖추었다 하더라도 불편하면 불행한 것이다.

소욕지족少欲知足이라, 항상 욕심을 줄이고 현실에 만족할
줄 알면 행복을 누릴 것이다.

언제나 마음을 성성적적惺惺寂寂하게 심일경성心一境性이 되
도록 평정심平定心을 갖는 것이 복을 누리고 복스럽게 잘
사는 길이다.

여섯째, 복스럽게 잘 사는 길[道]은 지혜다. 지혜는 현실긍정現實肯定적 사고思考로 자기의 내면(몸과 마음)과 외면(주위환경)을 관찰하고 전체를 통찰하는 공적영지空寂靈智다. 그리고 지혜는 자기의 능력을 효과적으로 능률화하는 힘이다. 현실을 부정하거나 회피, 도피하는 사람은 언제나 자기 불만에 쌓여 불행할 수 밖에 없다. 생활은 호화(집) 사치(옷) 낭비(음식)하지 말고 근검勤儉 절약節約하며 베풀고 사는 것이 지혜로 복스럽게 잘 사는 길이다.

이상 보시, 지계, 인욕, 정진, 선정, 지혜는 이 세상[此岸]의 고해苦海를 건너 저 언덕[彼岸] 최고 이상理想의 세계로 도달[到彼岸]하는 대승보살도(大乘菩薩道：六波羅密)로서 복을 짓고 복을 받고 복을 누리는 길[道]이다.

소승불교의 잘 사는 길이 반야지혜로 파사현정破邪顯正해서 견성見性한다고 하면 대승불교의 잘 사는 길은 자비보시로 불국토를 건설하는 성불成佛이다. 결국 견성성불은 모든 불자들의 사명이요, 복스럽게 잘 사는 길이다.

오력(五力)

신(信)

진(進)

념(念)

정(定)

혜(慧)

6. 멋지게 잘 사는 법

멋은 겉으로 나타난 아름다운 모양새다. 옷이나 말이나 행동이 아름다운 사람은 물론 멋있는 사람이다. 그러나 힘이 없는 사람은 멋을 부릴 수 없다.

멋지게 잘 사는 법은 첫째가 체력體力이 좋아야 한다. 남자는 어깨가 떡 벌어지고 배도 좀 나오고 걸음걸이가 짱짱해야 하고, 여자는 가슴이 나오고 하반신이 떡 벌어져야 멋이 있다. 특히나 여자가 가슴이 없거나 하반신이 좁으면 아무리 옷을 잘 입어도 멋이 없다.

둘째, 멋지게 잘 사는 법은 상당한 정신력精神力이 있어야 한다. 정신일도精神一到 하사불성何事不成이라, 마음을 기울여 열중하면 안 되는 일이 없는 것이다. 정신력이 약하거나 흐리멍텅하면 되는 일이 없어서 잘 살 수가 없다. 위대한 정신력을 가진 사람이 멋지게 잘 살 수가 있다.

셋째, 멋지게 잘 사는 법은 재력財力이 좀 있어야 한다. 돈이 없으면 몸에 힘이 빠진다. 그러나 돈이 많으면 좋을 것 같지만 너무 많으면 머리가 복잡할 뿐만 아니라, 도둑이 많아 마음 편하게 잘 살 수가 없다.

생활에 필요한 만큼만 있으면 좋을 것이다.

넷째, 멋지게 잘 사는 법은 권력權力이 있어야 한다. 권력은 조직의 힘이다. 집안에 가장이나 회사에 사장이 권력이 약하면 밑에 식구나 직원들이 얕보고 명령을 해도 따르지 않는다.

옛날엔 아버지나 면장이 말 한마디만 해도 일이 척척 돌아갔다. 지금은 좋게 타이르고 야단을 해도 막무가내로 반항하지 않으면 다행이다. 민주주의가 좋기는 하지만 권위가 없어져 큰 일이다.

다섯째, 멋지게 잘 사는 법은 매력魅力이 있어야 한다. 다른 사람의 마음을 은근히 끄는 힘이 매력이다. 아무리 돈이 많고 권력이 있다 하더라도 매력이 없는 사람은 남들에게 인기가 없다.

지위나 재산이 부족한 사람일지라도 인정이 많고 덕이 있는 사람은 매력이 있어서 행복하게 잘 살 수가 있다.

어찌 됐든 모든 면에 있어서 힘이 있어야 잘 살 수가 있다.

사바세계는 업력대결業力對決이라, 힘의 논리를 알면 힘을 길러야 한다.

힘을 기르는 방법은 첫째가 믿는 마음[信心]이다.

신위도원공덕모信爲道源功德母요, 장양일체제선근長養一切諸善根이라. 믿음이 도의 근원이고 공덕의 모체가 되며 일체 모든 선근을 기른다는 것이다.

모든 일에 있어서 믿음이 없으면 되는 일이 없다. 우선 자기 자신을 믿고 남을 신뢰함으로써 사회가 형성이 된다.

가장 가까운 가족들끼리도 서로 믿어야 화목하고 친구사

이도 믿음이 있어야 화합이 된다. 믿음은 서로가 상대를 존중하고 배려할뿐만 아니라 정직하게 살면 된다.

바른 신심信心은 긍정적 사고를 만들고 긍적적인 사고는 지혜智慧를 만든다. 반대로 불신不信은 부정적否定的 사고思考로 어리석은 마음[痴心]을 만들어 모든 일을 그르치게 한다. 다시 말하면 어리석은 마음은 지혜가 없기 때문에 탐·진·만·의(貪瞋慢疑)로 잘못되면 시기·질투·모략·음모로 자기 스스로 망할 뿐만 아니라 사회나 국가를 망치게 한다.

대화만사성大和萬事成이라, 크게 화합하면 모든 일이 성취가 된다는 말은 생활의 진리다. 평화의 원동력이 화합인데 화합의 근본은 합심合心이고 합심의 바탕은 믿는 마음[信心]이다. 천당과 극락도 믿는 마음[信仰心]으로 간다. 믿는 마음이 없는 사람은 중심中心이 없기 때문에 업보業報로 윤회輪廻 바퀴에 걸려 고통을 받을 수 밖에 없다.

둘째, 힘을 기르는 방법은 정진精進을 해야 한다. 무슨 일이나 성공을 하기 위해서는 노력을 해야 한다. 노력은 성공의 어머니라고 하지 않는가. 힘은 쓸수록 나온다. 이 말은 평범한 진리다. 몸을 너무 아낀다든지 게으르면 힘이 생기지 않는다.

지성이면 감천(至誠感天)이라, 무슨 일이든지 지극 정성으로 밀어붙이면 안 되는 일이 없다. 일반 사회생활도 그렇지만 열반涅槃을 향해 수행하는 승려는 말할 것도 없이 정진바라밀精進波羅蜜을 해야 한다.

셋째, 힘을 기르는 방법은 염력念力이다. 염력은 과거 현재 미래로 다 통한다.

과거생각은 억념(憶念 : 追憶 · 記憶)이라 하고, 현재생각은 사념(思念 : 思考 · 思惟)이라 하며, 미래생각은 상념(想念 : 想想 · 理想)이라 한다. 삼세三世의 생각은 분별력分別力으로 힘이 빠지지만 일념一念은 무량겁無量劫에 통할 뿐만 아니라 염염보리심念念菩提心으로 해탈解脫하며 열반涅槃에 들도록 하는 힘이 있다.

넷째, 힘을 기르는 방법은 정력定力이다. 정력은 분별망상을 그치[止]고 선정삼매禪定三昧에 들면 마음이 안정되어 생기는 힘이다. 선정삼매는 몸의 자세에 따라 좌선坐禪과 행선行禪 그리고 와선臥禪이 있고, 마음 씀에 따라 묵조선默照禪과 간화선看話禪이 있다. 또 형식에 따라 간경삼매看經三昧, 염불삼매念佛三昧, 주력삼매呪力三昧, 기도삼매祈禱三昧, 사사삼매事事三昧, 관법觀法 등 많은 방법이 있다.

선정삼매가 되면 몸과 마음이 하나가 되고 주관과 객관이 없어지는 경지[打成一片]가 되어 성성적적(공적영지)해서 엄청난 힘이 생긴다.

다섯째, 힘을 기르는 방법은 혜[慧力]이다.

지혜智慧는 현실긍정적 사고思考라 한다. 현실을 부정하거나 의심만 하면 지혜가 나오질 않아 판단력이 없다.

반야[智慧]는 관조반야觀照般若와 실상반야實相般若가 있는데 전자는 관찰지觀察智이고 후자는 직관지直觀智이다.

선정삼매를 얻어 공적영지空寂靈智가 되면 관조반야로서

관찰지가 되고 불성광명佛性光明이 되면 실상반야로서 직 관지가 된다.

이상 오력(五力：信·進·念·定·慧)을 얻으면 소승불교의 수도 과목인 37조도품三七助道品을 이수하고 견성(見性：自己完成)을 한 다음 대승불교의 수행방편修行方便인 육바라밀六波羅密과 십바라밀, 사무량심(四無量心：자비희사) 육화경六和敬 등으로 성 불(成佛：社會完成)을 하게 된다.

승속僧俗 간에 불자의 사명은 상구보리上求菩提 하화중생下 化衆生이니 신·진·염·정·혜(信進念定慧) 오력을 길러서 참으로 잘 먹고 잘 사는 법을 실천하기 바란다.

육화정신(六和精神)

신화동주(身和同住)

구화무쟁(口和無諍)

의화동지(意和同志)

견화동해(見和同解)

계화동준(戒和同遵)

이화동균(利和同均)

7. 더불어 이쁘게 잘 사는 법

더불어 이쁘게 잘 사는 법은 육화경(六和敬 : 精神)과 사섭법四攝法이다. 일반 사회생활이나 특수 단체생활이나 서로 모여서 더불어 잘 사는 법은 여섯 가지로 화합和合하고 경애敬愛하는 것이 제일이다.

'뭉치면 살고 헤어지면 죽는다' 는 말은 영원히 변치 않는 사회생활의 진리다. 그리고 부모님께 효도하고 윗사람을 존경하며 처와 자식을 사랑하고 아랫사람을 정답게 배려하는 것은 인간관계의 기본적인 질서다.

인연이 있으면 생기고 인연이 없으면 죽는 것은 우주만유

宇宙萬有의 생성원리인 연기법緣起法으로 화합이 모든 존재[生命]의 원동력이다. 그러면 모든 사람들이 함께 뭉쳐서 더불어 잘 사는 법이 무엇인가?

첫째, 더불어 잘 사는 법은 신화동주身和同住다. 몸으로 화합하는데 있어서 반드시 함께 거주해야 한다는 뜻이다. 생각이나 말로만 화합을 아무리 강조해도 효과가 없다. 가장 가까운 부부나 형제간이나 친구라도 서로 만나지 않고 떨어져 살면 모든 일이 이뤄지지 않는다.

가장 중요한 자식농사만 하더라도 부부가 한 방에서 같은 침대를 써야 아들이나 딸을 낳는 것이지 결혼 하자마자 외국에 가서 전화로만 사랑한다고 하면 무슨 소용이 있겠는가?

친구끼리도 가끔 서로 의견이 맞지 않아 티격태격 하더라도 자주 만나서 악수하고 차라도 한 잔 하면 풀리고 일을 하다보면 미운 정 고운 정 들어서 화합하여 사업이 잘 되고 더불어 잘 살게 된다.

둘째, 더불어 잘 사는 법은 구화무쟁口和無諍이다. 입으로 화합하는데 절대로 말다툼을 하지 말아야 한다.

이 세상은 빛과 소리가 서로 부딪쳐 향香과 맛[味]이 다르게 나는데 인간세계는 입을 통해서 나오는 말소리가 상호관계를 친화親和시키기도 하고 불화不和의 원인이 되기도 한다. 말 한마디로 천 냥 빚을 갚기도 하지만 한마디 말을 잘 못해서 형제간에도 불구대천不俱戴天의 원수怨讐가 되기도 한다. 말같이 좋고 무서운 것도 없다.

그래서 옛날부터 구시화문口是禍門이라, 입이 방정이요 화의 문이라 했던 것이다.

우리는 항상 입을 무겁게 놀리고 상대의 마음을 즐겁게 해서 더불어 잘 사는 법을 실천해야 한다.

셋째, 더불어 잘사는 법은 의화동지意和同志다. 마음으로 화합하는데 있어서는 뜻이 같은 동지를 얻어야 한다.

'백짓장도 맞들면 가볍다'는 말은 뜻이 맞는 행동이다. 작은 일이나 큰일이나 간에 서로 뜻이 맞으면 성공하는 것이고 상호간에 뜻이 맞지 않으면 큰 재산도 파산이 되고 만다.

특히 나라 일을 도모하는 정치인들은 자기 동지들끼리 화합해야 하고 수도하는 스님들도 개성이 다르고 출신이 다르지만 화합을 숭상하는 화상和尙이 되어야 한다. 요즘 스님들은 스스로 님이라 자부하는 것은 좋지만 승가의 기본 정신[和合僧]을 잊어서는 안 될 것이다.

넷째, 더불어 잘 사는 법은 견화동해見和同解다. 몸으로써 화합하는데 있어서는 이해를 같이 해야 한다는 뜻이다. 무슨 일을 하던지 견해가 같으면 화합이 잘 되고 성공할 수 있다. 사람은 누구나 다 자기가 아는 지식과 경험이 다르기 때문에 견해가 다르다. 자기의 고정관념을 벗어나지 못한 사람은 항상 자신의 의견만 옳다고 주장해 독선주의자로 전락하고 만다. 자기의 선입견이나 고정관념은 가끔 오해하거나 상대방의 의견을 무시하기가 쉽다.

설사 자기의 견해가 옳고 상대가 잘못된 견해라 하더라도 지나치게 자기의 의견을 주장하거나 고집하면 화합이 안 되고 더불어 잘 살수가 없다. 우리는 어떤 경우나 처지라도 상대방을 항상 이해하고 인격을 존중해 화합하고 더불어 잘 살아야 한다.

다섯째, 더불어 잘 사는 법은 계화동준戒和同遵이다. 계화동준은 계로써 화합하는데 있어서 함께 계율을 준수해야 한다는 말이다. 크나 작으나 모든 단체는 기준이 있어야 화합이 잘 되고 더불어 잘 살수가 있다. 특히 종교단체는 계율戒律이 화합의 기준이고 일반 사회단체는 규율規律이 화합의 기준이고 국가는 법률法律이 기강紀綱이다.

단 화합을 위해서는 계율을 범하는 것도 가可하다. 지범개차持犯開遮라, 옛날부터 절집에 내려오는 전통 가운데 '대중이 원하면 소도 잡아먹는다'는 얘기가 있다.

더불어 잘 사는 방법은 화합이 제일이기 때문이다.

여섯째, 더불어 잘 사는 법은 이화동균利和同均이다. 이화동균이란 이익을 가지고 화합하는데 있어서는 서로가 함께 이익을 균등하게 나눠 가져야 화합이 된다는 뜻이다. 모든 사업의 결과는 손해損害와 이익利益이 따르기 마련인데 그 손익을 함께 나눠야 한다는 것이다. 요즘 사회문제로 노사분규가 자주 생기는 것은 이화동균의 화합정신을 모르기 때문이다.

또 이쁘게 잘 사는 법이 있다. 그것은 사섭법四攝法으로 사교생활社交生活의 진리다. 우리는 가끔 복잡한 사회가 싫어서 혼자 살고 싶은 때가 있다. 그러나 세상살이는 그렇게 마음대로 쉽게 이루어지지 않는다.

출가한 승려도 입산수도入山修道한다고 하지만 스승과 도반道伴이 있어야 하고 시주자(施主者 : 신도)가 있어야 의식주가 해결이 된다. 다시 말하면 주고 받는 사교가 절대적으로 필요한 것이다.

사교란 상대방을 자기편으로 포섭하여 덕을 보는 것이다. 첫째가 보시섭布施攝이다. 보시섭이란 상대가 좋아하고 원하는 것을 먼저 베풀어 줌으로써 호감을 가지고 자기에게 유리한 사람이 되도록 포섭하는 것이다. 처음부터 자기 이익만 추구하는 사교는 성립되지 않는다. 반드시 남에게 이익을 주고 자기가 손해를 보는 생활이 이쁘게 더불어 잘사는 법이다.

둘째, 이쁘게 잘 사는 법은 애어섭愛語攝이다. 애어섭이란 부드럽고 사랑스런 말로 상대방을 포섭하는 사교술이다. 사교하는 사람이 무뚝뚝하고 듣기 싫게 말을 명령조로 하면 될 일도 안된다. 같은 말이면 '어' 다르고 '아' 다른데, 듣기 좋고 쓰기 좋은 말로 상대의 마음을 기쁘게 해야 사교에 성공할 수 있다. 그렇다고 감언이설甘言利說로 남을 유혹하는 말은 사교에 쓰면 안된다. 바른 말[正語]을 정답게 하는 것이 이쁘게 더불어 잘 사는 법이다.

셋째, 이쁘게 잘 사는 법은 이행섭利行攝이다. 이행섭은 남에게 이익을 주는 행동을 함으로써 자기 사람 만드는 사교 방법이다.

사람은 누구나 다 이익을 좋아하지 손해 보기를 좋아하는 사람은 없다. 큰일을 할 사람은 언제나 물질적으로 손해를 보더라도 좋은 사람을 얻도록 힘써야 한다. 자기도 이롭고 남도 이로운 것[自利利他]이 좋지만 항상 자기보다 남에게 이익을 주는 배려配慮가 이쁘게 잘 사는 법이다.

넷째, 이쁘게 잘 사는 법은 동사섭[同事攝]이다. 동사섭은 일을 하는데 있어 함께 함으로써 상대를 포섭하는 법이다.

재산이 많은 사람이나 지위가 높은 사람은 일을 시키기는 해도 직접 하지는 않는다. 또 어떤 사람은 일을 따라서는 해도 앞서 나갈 줄은 모른다.

그러나 훌륭한 지도자는 솔선수범하고 일을 함께 하면서 즐기는 가운데 많은 사람들을 포섭한다. 함께 섬기면서[同事] 이쁘게 잘 사는 것이 동사섭이다.

이상 육화경[六和敬]과 사섭법[四攝法]은 사회생활을 하는데 있어 더불어 이쁘게 잘 사는 법이다.

사섭법(四攝法)

보시(布施)

애어(愛語)

이행(利行)

동사(同事)

8. 잘 먹고 잘 사는 법

금강산도 식후경이요(金剛山食後景)

세상만사 식후사로다(世上萬事食後事)

南無 阿彌陀佛

이새 저새 해도 먹새가 제일이다.

모든 중생은 먹는 것이 가장 큰일이다. 살기 위해서 먹는 것인데 먹기 위해서 사는 것 같은 생각이 들 때도 있다. 잘 살고 못 사는 것은 먹는 데 달렸다. 사람이 아무리 큰 소리쳐도 먹으면 살고 안 먹으면 죽는다.

그러면 무엇을 어떻게 먹어야 할 것인가?

첫째, 마음을 잘 먹어야 한다.

그러면 마음이란 무엇인가?

우리 인간의 몸은 소우주(小宇宙)라 하고, 마음은 대우주(大宇宙 : Mahaom)라 한다. 영어로 마인드(mind) 큰 인드라망[因羅網]이란 뜻이다.

옛날에는 마음을 선·악(善惡) 둘로 나눠 맹자(孟子)는 성선설(性善說)을 주장하고 순자(荀子)는 성악설(性惡說)을 주장했다.

불교는 마음을 선·악·무기(善惡無己) 셋으로 나누고 기신론(起信論)에서는 6·7·8식(識)이라 하며 현대 심리학은 프로이드(S.Freud) 말대로 지·정·의(知情意) 삼자라 한다.

그리고 중생의 마음은 탐·진·치(貪瞋痴)이고, 범인(凡人)의 마음은 지·정·의며, 현인(賢人)의 마음은 진·선·미(眞善美)라 하고, 성인(聖人)의 마음은 청정·원만·중묘(淸淨 圓滿 衆妙) 등 네 가지 종류가 있다.

또 일반적으로 마음을 크다·넓다·깊다·높다·깨끗하다고 다섯 가지로 말한다. 마음이 크다는 말은 마음의 주인공인 영靈이 크다는 말이다. 심령이 얼마나 큰 지는 기준이 없다. 그 사람에 따라서 다르기 때문이다. 그리고 마음이 넓다는 말은 심량心量을 말하는데 쓰기는 아량雅量이 넓다고 한다. 또 마음이 깊다는 말은 심사숙고深思熟考라, 생각이 깊다는 뜻이다. 마음이 높다는 말은 잘 쓰지 않고 뜻[心志]이 높다고 한다.

마음이 깨끗하다는 말은 심성心性을 뜻한다. 심성은 타고난 그 사람의 본성本性이다.

이렇게 많은 뜻의 마음은 사람마다 그 차원이 다르고 수준이 다르다. 본마음[本心]은 다 똑같은데 상황에 따라 욕심欲心이 나면 본각本覺이 의욕意欲에 따라 파생派生되어 이 생각 저 생각 오만가지 생각生覺이 난다. 본각이 제8식(아뢰아식)이라고 하면 의욕意欲은 제7식[末那識]이고 생각은 제6식識이다.

다시 말하면 마음의 주체를 본각(本覺:覺靈)이라고 하면 그 중간의 작용은 뜻[意·志·情]이고 그 결과는 생각[念·思·想·憶]이다. 어찌됐든 마음을 먹으면 생각이 나오고 사람은 누구나 다 그 생각에 따라서 말하고 행동을 하기 때문에 파스칼은 인간은 생각하는 갈대라 했고, 일체유심조一切唯心造라 하는 것이다. 참마음을 먹고 참답게 살면 잘 사는 것이고 나쁜 마음[貪瞋痴]을 먹고 심성이 바르지 못하면 잘 못 사는 것이다.

둘째, 밥을 잘 먹고 잘 살아야 한다. 밥은 바른 직업을 가지고 정당하게 벌어서 먹어야 한다. 거저먹는다든지 얻어먹으면 거지[乞人]가 된다. 그리고 남의 돈이나 물건을 훔치거나 착취하면 안 된다. 게다가 도적의 등을 쳐서 먹으면 더더욱 안 된다.

특히 공직자들이 국가 돈이나 남의 재산을 부당하게 횡령하거나 편법으로 가로채는 사람은 잘못 사는 것이다. 또 빌어서 먹는 성직자들이 권위를 세우고 먹는 것은 큰 잘못이다. 어디까지나 수행자는 하심下心하고 겸손해야 잘 사는 것이다.

밥을 잘 먹고 잘 사는 것은 자기 양에 맞춰서 골고루 오래 오래 씹어서 먹어야 한다. 또 때를 맞춰 두 끼[巳時, 酉時] 아니면 세 끼(아침, 점심, 저녁) 시간을 맞춰 먹고 가급적 간식은 피하는 것이 좋다. 과식은 절대 금물이다. 밥을 먹으면 무엇이 나오는가? 에너지 즉 힘[精力]이 나온다.

셋째, 물을 잘 먹어야 한다. 물은 한마디로 생명수生命水라고 한다. 우리 몸에 물이 70%가 넘으니 그렇게 말할 수밖에 없다. 우리가 먹기에 가장 좋은 물은 청정淸淨한 자연수가 으뜸이고 다음은 질이 좋은 지하수地下水이며 기계로 작업한 정화수淨化水가 좋다.

그리고 물은 시도 때도 없이 몸이 원하는대로 많이 먹어도 좋다. 하지만 물이 너무 뜨겁거나 차면 안되고 적당한 음양탕이 좋다. 가공한 물이나 술은 삼가는 것이 좋다. 물을 잘 먹으면 좋은 피와 정액이 생긴다.

넷째, 공기를 잘 마셔야 한다. 밥은 한 달 먹지 않아도 살고 물은 일주일 안 마셔도 살지만 공기는 10분만 못 마시면 죽는다. 사람은 누구나 태어나서 죽을 때까지 공기 속에서 살고 공기를 마시고 산다.

그런데 공기를 어떻게 마시고 어떻게 내쉬는지 호흡법을 잘 모른다. 몰라도 잘 사는 것은 청정한 공기 속에서 자연호흡을 하기 때문이다. 폐肺로 하는 흉식호흡胸式呼吸은 짧고 배로 하는 복식호흡腹式呼吸은 길다.

특히 단전호흡丹田呼吸은 나가는 숨을 길게[長出息] 함으로써 성단成丹이 되는데 입태入胎 또는 성태成胎라고 한다. 성단 과정이 백일百日 걸리는데 그동안은 절대로 주색잡기酒色雜技를 말아야 하고 순수한 마음으로 준자오시(准子午時 : 오전 9시 오후10시)에 30분씩 단전호흡을 해야 한다. 혹 마시(魔時 : 辰戌丑未)에 단전호흡을 하면 마구니[魔鬼]가 된다.

천일天日을 선정력으로 성태장양聖胎長養하면 아라한[賢人]이 되고 또 만일萬日을 하면 성인聖人이 된다. 그 대표적인 인물이 석가모니부처님이다. 어찌됐든 공기를 잘 마시면 좋은 정기精氣가 나온다.

다섯째, 나이를 잘 먹어야 한다. 나이가 많든 적든 더 먹을 나이가 없으면 죽는다.

먹기 싫어도 먹는 것이 나이다. 사람이 나이를 많이 먹는 것이 좋은 것은 아니다. 나이를 적게 먹어도 자기 할 일을 하고 영혼을 키우고 가면 잘 산 것이다.

영혼은 무엇을 먹고 사는가? 영은 사람의 양심良心을 먹고 큰다. 불량不良한 마음을 먹으면 즉시 영대靈臺가 꺾어진다. 양심은 자기 스스로 선언하기 때문에 남은 속여도 자기는 속이지 못한다.

양심을 살리는 길은 정직하게 사는 것이다. 정직한 삶은 자기의 책임을 다하는 것이고, 책임은 자기의 본분을 지키는 것이다. 아버지의 본분은 아버지의 책임이고 아들의 책임은 아들의 본분이다. 스승의 본분은 스승의 책임이고 학생의 책임은 학생의 본분이다. 자기의 책임을 지키는 것은 자기의 본분을 다하기 때문에 분수分守를 지킨다고 말한다.

자기의 능력을 헤아리는 것은 분수分數라 하고 분위기를 따라 하는 것은 분수分隨라 한다. 무엇이든지 자기의 능력에 따라 해야지 지나친 것은 분수를 지킬 수가 없다.

나이를 잘 먹으면 인생의 지혜가 나온다. 마음을 크게 넓게 깊게 높게 깨끗하게 먹기 때문이다. 밥을 잘 먹고 물도 잘 마시고 공기도 잘 마시며 잘 살아야 한다.

잘 안 먹고 잘 사는 법도 있다.

석가모니부처님은 49일, 예수님은 40일 단식을 하고 공자님은 가난해서 굶기를 밥 먹듯 했다고 하며, 소크라테스는 마누라 덕에 굶고 다니다 깨닫고 노자님은 소식가小食家다.

이상 5대 성인들은 2천년 전에 잘 안(못) 먹고 훌륭한 성인이 되었다. 2천년 이후 농경사회부터는 너무 잘 먹고 활발한 신진대사를 했기 때문에 정액이 정기로, 정기가 정신에너지로 승화할 수가 없어 현인 밖에 나오질 못한 것이다.

절집에서 '기한飢寒에 발도심發道心' 이란 말이 있다. 춥고 배고프게 살면서 수도해야 한다는 뜻이다.

9. 인간과 인류의 삼대 목표

인간의 삼대목표는 진·선·미(眞善美)이고, 인류의 삼대 목표는 자유·평등·평화(自由平等平和)다.

사람은 누구나 다 자기가 진실하고 선량하며 아름답다고 생각한다. 그러나 그 사람의 말과 행동이 바른 사람은 지성인(知性人)이고 의지(意志)의 인간이며 정서(情緒)가 풍부한 사람이다.

지금 세상이 아무리 변했다 하더라도 정신세계를 창조하는 문화인들을 보면 훌륭한 사람들이 곳곳에 많이 있다.

그래서 우리는 희망과 용기를 가지고 지혜롭게 인간의 삼대목표인 진선미를 향해 잘 참고 정진精進해야 한다.

그리고 인류의 삼대목표인 자유·평등·평화를 위해 일로 매진해야 한다. 모든 사람들은 개인의 자유와 인간관계의 평등을 주장하고 전체 인류의 평화를 희망하고 있다.

자유는 자주·자조·자립(自主自助自立) 삼자정신으로 자력自力이 있어야 한다. 개인이나 사회나 국가나 이 세상 모든 존재는 자생능력이 있어야만 자유가 보장된다.

진정한 의미에서 자유는 자업자득自業自得이며 세상만사가 자기로 말미암아 자기유래自己由來 되기도 하고 안 되기도 한다. 게다가 개인의 자유는 생각뿐이고 말과 행동은 반드시 책임이 뒤따른다는 사실을 잊어서는 안 된다.

어려서 힘이 없을 때는 부모님과 남을 의지해 살지만 성년成年이 되어서는 떳떳하게 독립해 살아야 한다.

인간의 상호관계는 절대 평등이다. 사람 위에 사람 없고 사람 밑에 사람 없다는 말은 누구나 다 같은 인격이 있고 권력이 있다는 말이다. 돈이 있고 없고 지위가 높고 낮고

간에 남을 차별하거나 무시하면 누구나 다 싫어한다. '지렁이도 밟으면 꿈틀한다' 는 옛말이 있다.

부처님께서 모든 중생이 다 불성佛性이 있다고 하시고, 평등법平等法을 다자탑 앞에서 전하실 때 제자인 가섭迦葉존자와 나란히 앉은 사실이 있다. 하지만 지금도 사진을 찍을 때 말고는 스승과 제자가 나란히 앉기는 어려운 일이다. 이것을 다자탑 전의 분반좌(多子塔前分半座)라 하는데, 함허 득통含虛得通선사께서는 금강경오가해설의金剛經五家解說誼에서 "평등성중무피차平等性中無彼此"라 하시어 부처님도 코는 밑으로 처지고 눈은 옆으로 째졌으며 모든 사람들도 다 눈은 옆으로 찢어지고 코는 밑으로 처졌다고 했다.

개인은 자유롭고 상호관계는 평등해야 인류 전체가 평화롭게 잘 살수가 있다. 그런데 가정이나 사회나 국가는 물론 온 세계가 평화롭게 행복을 누리려면 어떻게 해야 할 것인가?

조직이 크고 작고에 상관없이 평화는 화합和合을 해야 한다. 사상적 이념이나 종교적 갈등은 가정은 물론 국민 화합을 저해하는 문제라고 생각한다.

'뭉치면 살고 흩어지면 죽는다'는 연기법의 현실을 직시하는 지성知性이 필요한 시대가 아닌가 싶다.

그러면 화합은 어떻게 해야 하는가? 화합은 합심合心을 해야 한다. 모든 것의 근본은 마음이기 때문에 무엇보다도 모든 사람의 마음이 하나로 뭉쳐야 한다.

합심은 또 어떻게 해야 하는가? 마음이 하나가 되려면 심리心理 상태가 좋아야 한다. 남이 잘 되면 함께 기뻐해 주고 남이 잘못 되면 같이 걱정해 주는 심리(심보)를 가져야 한다. 다른 사람을 시기하거나 질투하면 본인의 심기도 불편해지는 것을 깨달아야 한다.

심리가 좋으려면 어떻게 해야 하는가? 역지사지易地思之라, 처지를 바꿔서 생각하고 상대방의 입장을 이해理解해야 한다. 상호 간에 이해를 못하면 오해가 생겨 사고가 나기 마련이다.

항상 남을 이해하려면 어떻게 해야 하는가? 근본적으로

남을 이해하려면 해탈解脫하는 것이 상책이다.

해탈은 자유를 얻는 방법인데, 무엇보다도 자기의 고정관념固定観念을 버려야 한다. 누구든지 자기가 가장 옳다고 하는 생각이 자승자박自繩自縛인데, 그 탈 바구니를 벗어나야 한다. 그러면 어떻게 해야 해탈할 것인가? 해탈은 속물俗物의 근성을 버려야 한다. 속물이란 무엇인가? 속물은 세속世俗적 물욕을 말한다.

물욕은 물질에 대한 욕심인데, 이것 버리기가 쉬운 일이 아니다. 수도가 잘된 도인道人이나 성자聖者는 몰라도 보통 사람은 욕심 버리는 것은 거의 불가능하다고 봐야 한다. 욕심은 자동적으로 탐심貪心을 일으키고 탐심대로 안 되면 진심嗔心이 일어나며 마침내는 어리석은 마음[痴心]은 중생의 삼독심三毒心으로 세상을 망치는 근본이 되는 것이다.

중생심의 뿌리인 욕심慾心만 없애면 그 사람은 현인이 되고 즉시 성인으로 승격이 된다.

따라서 물욕을 버리고 속물의 근성이 없어져 탈속하게 되고 해탈하여 이해하고 말 것이 없기 때문에 심리상태가 좋아 그 사람은 누구하고도 합심이 잘 되며 화합하여 평화를 이룰 수가 있다.

이 세상 모든 사람들이 자기[個人]완성을 위해 인간의 삼대목표인 진·선·미(眞善美)로 마음의 양식을 삼고, 사회완성을 위하여 인류의 삼대목표인 자유·평등·평화를 달성하는 것은 "일체유심조一切唯心造"라 각자의 마음먹기 달렸다.
우리 모두 한마음 한뜻으로 화합하여 행복하게 잘 살기 바란다.

부록

나쁜 짓 하지 말고 좋은 일에 힘쓰며

청정한 마음으로 참사람이 되어서

모든 중생 가르쳐 불국토를 이룩하자

나는 항상 발원합니다.
보현행원普賢行願처럼!

01. 나는 항상 불보살님을 숭배하고 찬탄하겠습니다.

02. 나는 언제나 스승과 부모님을 공경하겠습니다.

03. 나는 항상 형님과 선배님을 존경하겠습니다.

04. 나는 언제나 동생과 후배들을 존중하고 사랑하겠습니다.

05. 나는 언제나 은인의 은혜에 대하여 감사하겠습니다.

06. 나는 항상 잘못을 사죄하고 참회하겠습니다.

07. 나는 언제나 적은 실수라도 미안하다고 사과하겠습니다.

08. 나는 항상 모든 이의 좋은 의견을 따르겠습니다.

09. 나는 언제나 남의 입장을 이해하고 화합하겠습니다.

10. 나는 항상 남의 기쁨과 슬픔을 함께 하겠습니다.

11. 나는 언제나 모든 것을 중생들에게 자비보시로 회향하겠습니다.

불교[미타] 아리랑

아리랑 아미타 아미타불
아리랑 고개를 넘어간다.
나도 모르고 가시는 님은
십리도 못가서 발병난다.

아리랑 아미타 아미타불
아리랑 고개를 넘어간다.
청천하늘엔 별도나 많은데
견성 못한 중생에겐 수심도 많다.

아리랑 아미타 아마타불
아리랑 고개를 넘어간다.
담양이라 마하무량사 아미타불을 보시오.
우리네 가슴엔 희망도 많다.

摩訶般若波羅蜜多心經
(반야심경)

觀自在菩薩　行深般若波羅蜜多時　照見五蘊皆空　度
관자재보살　행심반야바라밀다시　조견오온개공　도

一切苦厄　舍利子　色不異空　空不異色　色卽是空　空
일체고액　사리자　색불이공　공불이색　색즉시공　공

卽是色　受想行識　亦復如是　舍利子　是諸法空相　不
즉시색　수상행식　역부여시　사리자　시제법공상　불

生不滅　不垢不淨　不增不減　是故　空中無色　無受想
생불멸　불구부정　부증불감　시고　공중무색　무수상

行識　無眼耳鼻舌身意　無色聲香味觸法　無眼界　乃至
행식　무안이비설신의　무색성향미촉법　무안계　내지

無意識界　無無明　亦無無明盡　乃至無老死　亦無老死
무의식계　무무명　역무무명진　내지무노사　역무노사

盡　無苦集滅道　無智亦無得　以無所得故　菩提薩埵
진　무고집멸도　무지역무득　이무소득고　보리살타

依般若波羅蜜多　故心無罣礙　無罣礙故　無有恐怖　遠
의반야바라밀다　고심무가애　무가애고　무유공포　원

離顚倒夢想　究竟涅槃　三世諸佛　依般若波羅蜜多故
리전도몽상　구경열반　삼세제불　의반야바라밀다고

得阿耨多羅三藐三菩提　故知般若波羅蜜多　是大神呪
득 아 뇩 다 라 삼 먁 삼 보 리　고 지 반 야 바 라 밀 다　시 대 신 주

是大明呪　是無上呪　是無等等呪　能除一切苦　眞實不
시 대 명 주　시 무 상 주　시 무 등 등 주　능 제 일 체 고　진 실 불

虛　故說般若波羅蜜多呪　即說呪曰
허　고 설 반 야 바 라 밀 다 주　즉 설 주 왈

揭諦揭諦　婆羅揭諦　婆羅僧揭諦　菩提　娑婆訶
아 제 아 제　바 라 아 제　바 라 승 아 제　모 지　사 바 하 (3번)

숨틀

인쇄 2020년 03월 01일
발행 2020년 03월 10일

지은이 여산 암도(如山 岩度)
발행처 대한불교조계종 마하무량사
주소 전남 담양군 담양읍 남촌길 21-121
전화 061-381-5020, 010-3612-0556

펴낸이 김윤희
펴낸곳 맑은소리맑은나라
디자인 김창미
출판등록 2000년 7월 10일 제 02-01-295 호
주소 부산광역시 중구 중앙대로 22 동방빌딩 301호
전화 051-255-0263 **팩스** 051-255-0953
이메일 puremind-ms@hanmail.net

값 10,000원
ISBN 978-89-94782-71-3 03220

시주 구좌 036-24-0208-161 **국민은행 / 예금주 : 성환기(암도스님)**